Guía para amantes de las mascotas PELIGROSAS

Versión: DRAGONES

Lindsay Hirst  Picarona Alice McKinley

Hola, valiente lector, te doy la **bienvenida**
a la inigualable (y única)

Guía sobre mascotas peligrosas

Este libro contiene toda la información
que necesitas conocer para
cuidar de tu **aterradora** bestia.

De todas las mascotas peligrosas del mundo,
has elegido la MÁS feroz de todas.

Sí...

Imagen 1
Huevo

CARNÉ DE BIBLIOTECA

TÍTULO:

AUTOR:

FECHA | NOMBRE

EL DRAGÓN

Los dragones tienen fama de ser gruñones y difíciles. Sin embargo, si sigues estas instrucciones sencillas pero importantes, quizás consigas convertir al tuyo en una mascota cariñosa y (casi) amigable.

ENCONTRAR A TU DRAGÓN

Hay muchas maneras de conseguir un dragón, unas más peligrosas que otras.

Por eso, piensa con cautela dónde y cómo encontrar el tuyo.

DEMASIADO CRUEL

DEMASIADO FRÍO

DRAGONES DE PANTANO

¡SÍ!

HUEVOS PARA ADOPTAR

Además, POR FAVOR, adóptalos cuando sean jóvenes. Los adultos son unos cascarrabias (y unos pedorros).

NOTA: Los bebés de dragón también se tiran pedos, pero huelen MUCHO MEJOR.

ALOJAR A TU DRAGÓN

Todas las razas de dragón son diferentes.

Las hay GRANDES...

y pequeñas.

Calmadas...

y disparatadas.

CONECTAR CON TU NUEVO COMPI

Si tienes suerte, será amor a primera vista.

Sin embargo, la mayoría necesita tiempo y esfuerzo para conectar con su dragón.

Intenta descubrir qué le gusta y qué no a tu mascota...

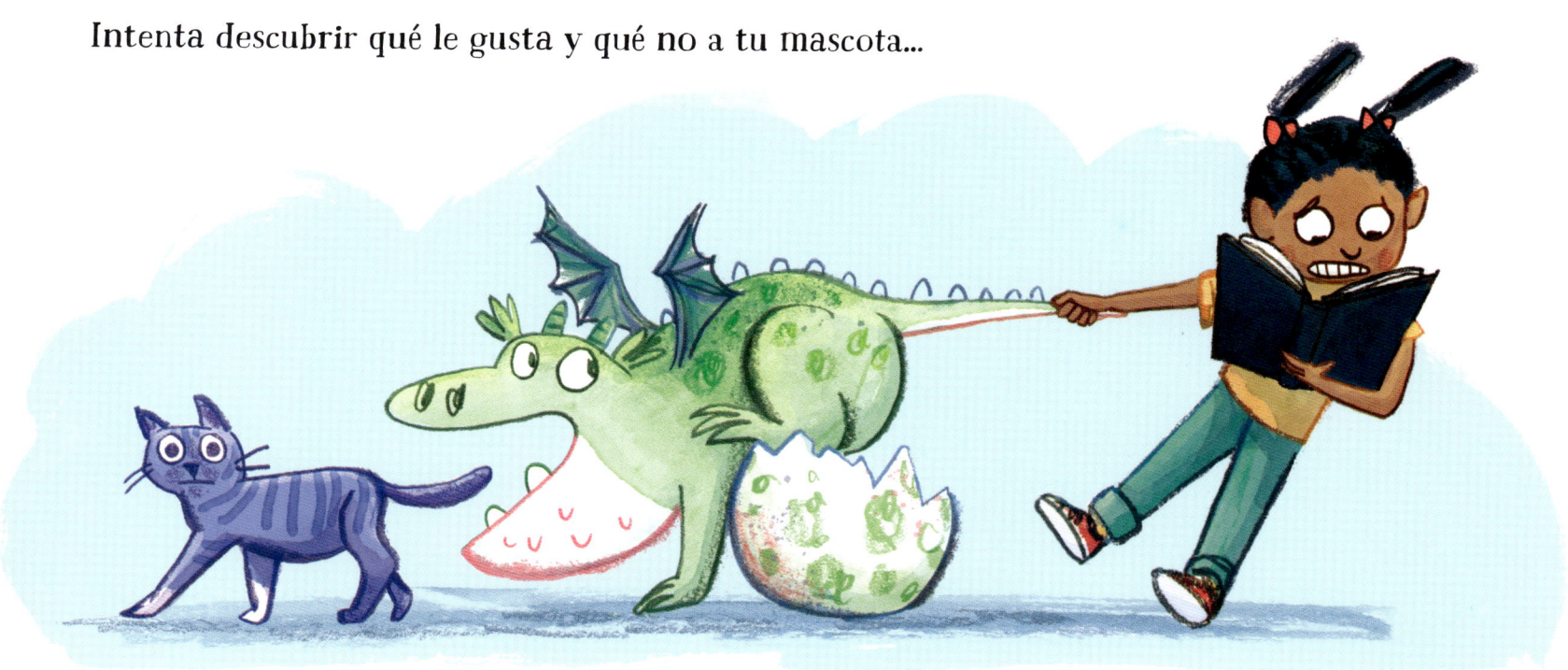

y recuerda SIEMPRE mantener la calma y ser agradable.

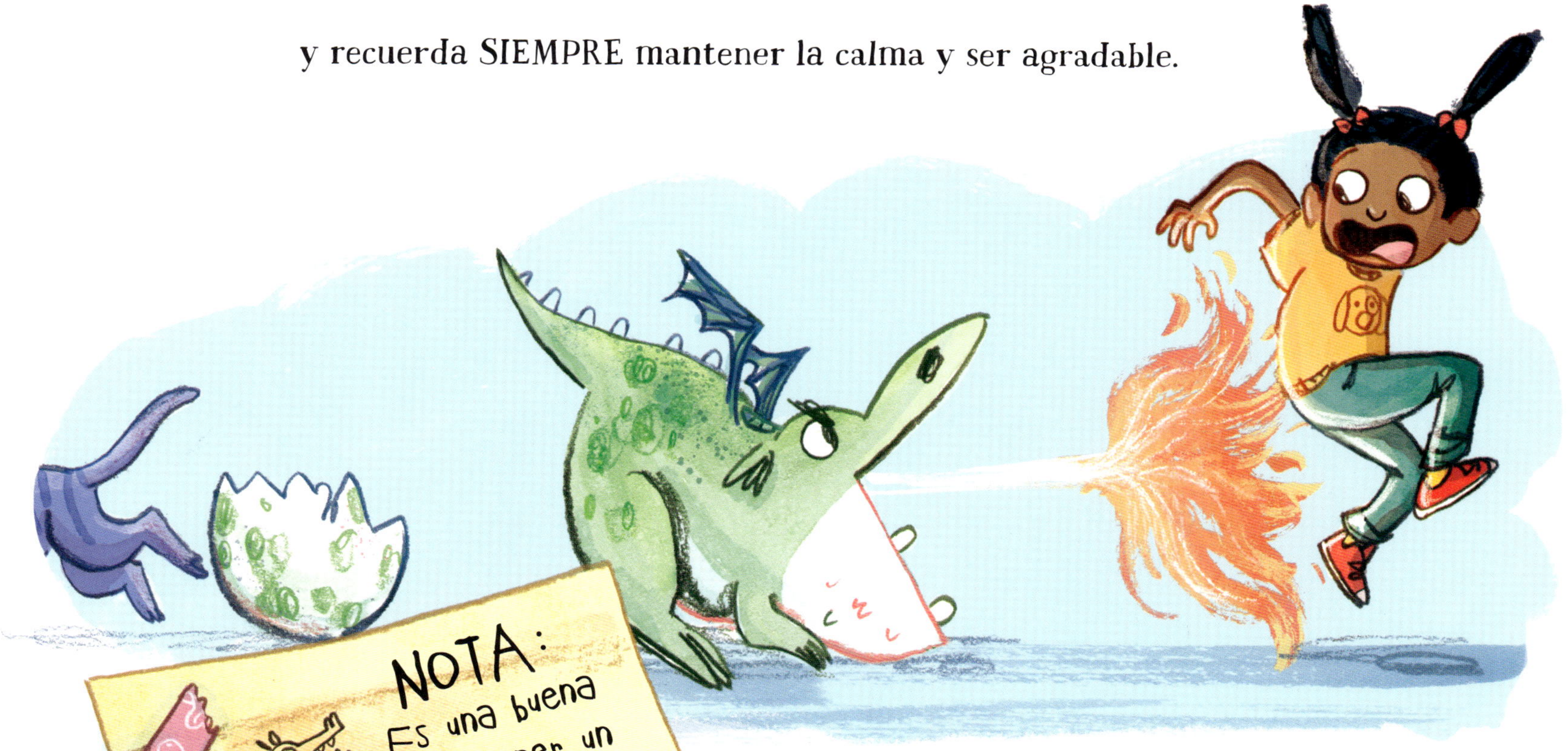

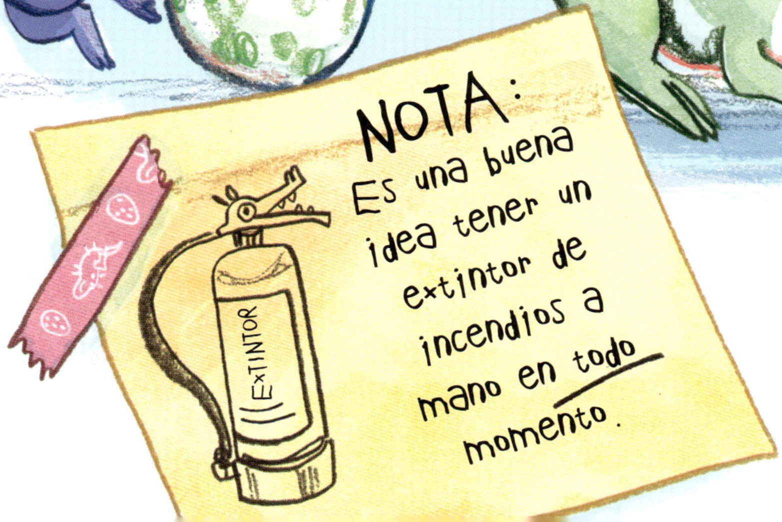
NOTA:
Es una buena idea tener un extintor de incendios a mano en todo momento.
EXTINTOR

NO enfades a tu dragón.

ALIMENTACIÓN

A los dragones les encanta cazar, así que intenta que la hora de comer sea divertida: escóndeles la comida en lugares inusuales.

Tienen un gusto especial por la carne.

Pídele a tu carnicero de confianza que te haga entregas regulares.

Así evitarás cualquier comportamiento **indeseado**.

ENFRENTARTE A HÁBITOS COMPLICADOS

Los dragones tienen un montón de hábitos complicados, pero los más problemáticos son:

robar objetos brillantes... y echar fuego por la boca.

No se le permite quedarse con un objeto brillante = dragón enfadado = echa fuego por la boca

Es muy sencillo: NO hagas enfadar a tu dragón. Esconde todos los objetos brillantes y dáselos sólo como recompensa de un buen comportamiento.

ALBIE, EL DRAGÓN

PAPÁ

A los dragones les **encanta** acumular tesoros,
así que dales un espacio que les sirva de guarida.
De este modo, serán
felices y estarán tranquilos.

ASEAR Y BAÑAR A TU DRAGÓN

A los dragones no les gusta el agua, así que hagas lo que hagas...

NO intentes bañar al tuyo.

Repito: NO intentes bañarlo.

TIEMPO DE OCIO

Tras haber conectado con tu dragón, es hora de participar en algunos juegos sencillos.

Su actividad favorita es el pillapilla (les encantará perseguirte).

Los dragones tienen MUY mal perder, así que, a menos que quieras demostrar tu valentía, recuerda **dejarles ganar**.

NOTA: NUNCA te acerques sigilosamente a un dragón cuando NO estés jugando (véase «Enfrentarte a hábitos complicados»)!

EJERCICIO

Los dragones tienen **alas**, por lo que pueden alejarse volando (y lo harán) en cualquier momento.

Es una buena manera de hacer ejercicio.

Algunos no **irán** demasiado lejos y volverán cuando los llames,
pero otros quizás tengan más ganas de aventuras.

Te sentirás triste y solo cuando tu dragón no regrese,
pero **intenta** no preocuparte.

Quizás te apetezca poner algunos carteles...

o contactar con el Departamento de Mascotas Peligrosas Perdidas.

Sin embargo, aparte de eso,
sólo te quedará esperar

y esperar.

SI has seguido estas importantes directrices,

entonces, algún día...,

es probable que descubras que tu mejor amigo ha vuelto a casa

porque te echaba mucho MUCHO de menos.

Fig. 1
Una red (para
atrapar a los
pequeños)

Fig. 2
Un tentempié apetitoso

Fig. 3
Para el avistamiento

Fig. 8
Una cuerda

Fig. 9
Un regalo

Fig. 7
Extintor
(ya sabes...,
por las llamas)

EXTINTOR

GUÍA
SOBRE
DRAGONES

Fig. 12
El libro

Fig. 15
Objeto brillante

Fig. 16
SALCHICHAS